en Calle de la Lectura

¡QUÉ DÍA!

Glenview, Illinois • Boston, Massachusetts • Chandler, Arizona
Shoreview, Minnesota • Upper Saddle River, New Jersey

Vico ve a Ernesto.

—¡Qué día, Ernesto!

¡Sudado!

Ernesto estaba todo sudado.

—Vete, Vico.
¡Es un día de mucho sol!

Vico no se va.

Vico pone un abanico.

—¿Te da el abanico, Ernesto?

—¿Ernesto? ¿Ernesto?

—¡No! ¡Qué va!
¡El abanico no, Vico!